BOUILLON

CHARLES-EDMOND

NÉCROLOGIE

Charles-Edmond Bouillon

Chevalier de la Légion d'honneur

Directeur des contributions indirectes

du département d'Eure-et-Loir

---

13 Septembre 1891

Charles-Edmond BOUILLON

Dimanche dernier, M. Charles-Edmond Bouillon, directeur des contributions indirectes du département d'Eure-et-Loir, a succombé à l'âge de 60 ans, aux suites d'une longue et douloureuse maladie.

M. Bouillon était un de ces fonctionnaires laborieux et intègres qui sont l'honneur de l'administration française. Il venait d'être fait chevalier de la légion d'honneur en récompense de ses longs et honorables services, et il avait acquis de légitimes droits à la retraite et au repos.

Très apprécié des chefs de son administration, il n'était pas moins aimé de ses subordonnés parce qu'il conciliait avec la fermeté et la dignité qui imposent le respect, un solide esprit de justice et une bonté inaltérable.

Ses obsèques ont été célébrées mardi à 10 heures du matin en l'église Cathédrale de Chartres au milieu d'une nombreuse et sympathique assistance.

L'absoute a été donnée par Monseigneur Lagrange.

Outre les fonctionnaires des diverses administrations publiques de Chartres, on remarquait dans l'assistance : M. Fine, chef du personnel des contributions indirectes. MM. Lèbe-Gigun, directeur d'Amiens; Damperon, directeur de Versailles; Regnard, receveur principal de la Seine; Bouzon, directeur des droits d'entrée à Paris; etc. tec.

Après le service religieux le cortège funèbre s'est dirigé vers la gare, le corps devant être transporté à Saint-Malo pour y être inhumé dans une sépulture de famille.

Le deuil était conduit par les fils du défunt MM. Alphonse, Paul, Edouard et Charles-Henry Bouillon.

Les cordons du poêle étaient tenus par MM. Desprez, préfet d'Eure-et-Loir, Fine, chef du personnel à l'administration centrale, Chevallier-Ruffigny, directeur des contributions directes et Cretté, inspecteur des contributions indirectes.

A la gare M. le Préfet, MM. Fine, Chevallier-Ruffigny et Picard ancien chef de bureau au ministère des finances, ont pris la parole pour rendre hommage aux vertus de l'homme privé et aux mérites du fonctionnaire.

Enfin M. Cretté s'est fait l'interprète des regrets du personnel du département d'Eure-et-Loir et a adressé à M. Bouillon un dernier adieu.

L'inhumation a eu lieu le lendemain à Saint-Malo.

Le corps conduit de la gare au cimetière était accompagné d'une nombreuse assistance, composée des parents et des amis du défunt et des principales notabilités du pays.

Les cordons du poële étaient tenus par MM. Hippolyte de Montcuit, ancien commandant des zouaves pontificaux, Jules Level, Olivier Boulé et le sous-directeur des contributions indirectes à Saint-Malo.

Nous reproduisons ci-après le texte des discours prononcés à Chartres.

Discours de M. Desprez, préfet d'Eure-et-Loir :

Messieurs,

M'efforçant de vaincre mon émotion, je ne veux pas laisser partir la dépouille mortelle de M. Bouillon sans lui dire un dernier adieu, sans exprimer la douleur profonde que me cause sa fin prématurée.

Dès mon arrivée dans ce département M. Bouillon m'avait séduit par la noblesse de ses sentiments, la droiture de son caractère et la grande chaleur de son cœur que dissimulait mal sa rigidité professionelle ; aussi dès le début il ne fut pas seulement pour moi le directeur entretenant avec le Préfet de fréquentes relations de services, mais un véritable ami. C'est avec anxiété que j'avais suivi les progrès effrayants de sa maladie, aujourd'hui je le pleure sincèrement.

Avant de mourir M. Bouillon eut au moins la consolation de recevoir la récompense de plus de 40 années d'excellents services, et je fus bien heureux le jour où je pus lui porter cette bonne nouvelle. Hélas! la maladie poursuivait son œuvre et comment vous dire l'émotion que je ressentis lorsqu'il y a huit jours à peine je fus, sur sa demande, chargé par la Grande Chancellerie de lui remettre, à titre de parrain, cette croix d'honneur qu'il avait bien gagnée; je savais bien qu'il ne la porterait pas, et qu'on la verrait pour la première fois sur son cercueil!

M. Bouillon meurt regretté de ses chefs, pleuré par ses amis; tous ceux qui ayant pu l'approcher ont été à même de connaître ses grandes qualités ont tenu à honneur de l'accompagner jusqu'ici.

Puisse ce témoignage d'unanime sympathie adoucir la douleur de ses fils trop tôt et bien cruellement frappés.

Discours de M. Fine, chef du personnel des contributions indirectes.

Messieurs,

C'est à l'éloignement momentané de chefs plus élevés, que je dois l'honneur de parler devant vous.

Je n'en userai pas longuement, car je suis souffrant et fort ému.

La vie administrative de M. Bouillon peut se résumer en quelques mots. Entré dans nos rangs à l'âge de 18 ans, il était sous-inspecteur à 36 ans et directeur de département à 53 ans. Ses débuts ont été modestes comme ceux de nous tous, et ce n'est que parvenu à l'inspection qu'il a pu donner toute la mesure de sa valeur. Elle était fort grande, et il y a eu, sous ce rapport, une constante unanimité d'appréciations.

M. Bouillon était un homme de cœur et de devoir. Homme de cœur, il a ressenti plus vivement que tout autre les chagrins de la vie, et ils ont été nombreux pour lui. Homme de devoir, il a su faire taire ses souffrances physiques et ses souffrances morales pour s'adonner tout entier à ses fonctions. Il l'a fait avec un tact, une habileté et une mesure qui lui ont concilié toutes les affections, celles de ses chefs, de ses camarades et de ses subordonnés.

Je suis autorisé à ajouter qu'il avait su mériter les sympathies du haut fonctionnaire qui administre si heureusement le département d'Eure-et-Loir et celles des membres du Parlement. Nous en avons eu la preuve récemment lorsqu'il s'est agi de lui faire accorder, comme dernière récompense de ses travaux, la croix de la Légion d'honneur.

Fils et petit-fils de directeurs, notre camarade Bouillon nous laisse un fils qui saura, je n'en doute pas, continuer les honorables traditions des siens. Il trouvera en nous une affectueuse protection, j'en donne l'assurance à notre ami en lui disant un dernier adieu.

Discours de M. Chevallier-Ruffigny, directeur des contributions directes du département d'Eure-et-Loir.

MESSIEURS,

Vous venez d'entendre l'hommage que le premier magistrat du département a rendu au caractère du collègue que nous avons eu la douleur de perdre, au charme de ses relations et à la générosité de son cœur.

M. le Préfet a bien voulu nous laisser la tâche de rappeler, devant ses fils et devant ses collaborateurs, quelques traits d'une vie qui leur est un grand exemple du devoir accompli avec honneur et loyauté.

La famille de M. Bouillon était originaire de la Martinique; et celui des aïeux de notre collègue, qui vint s'établir en France, y occupa les fonctions de chef de division au Ministère des Finances.

Chartres n'a point oublié que le grand-père de M. Bouillon a rempli, de la manière la plus honorable, les fonctions de Directeur des Contributions indirectes, dans cette ville où le petit-fils devait venir terminer sa carrière.

Par suite des changements de résidence que comportent les fonctions publiques, notre collègue passa le temps de sa jeunesse à Tarbes où son père était aussi Directeur des Contributions indirectes. Il y forma des amitiés durables qui avaient fait de cette ville de Tarbes sa patrie d'adoption. Ces amitiés, il a eu le bonheur de les retrouver lors d'un récent et pénible voyage ; et il a pu, dans un dernier serrement de main, dire à ses camarades d'enfance, devenus des amis fidèles et dévoués, un suprême adieu.

Il ne fit que suivre les traditions de sa famille en entrant dans la carrière qu'avaient honorée son père et son grand-père. Sa place y était indiquée ; et les qualités qu'avait développées en lui l'éducation reçue dans une famille animée des sentiments les plus élevés, l'avaient, de bonne heure, marqué pour le poste de chef de service. Et, en effet, à l'âge de 47 ans, il était nommé, en 1877, sous-directeur à Pontoise.

Mais, avant cette époque, appelé en Bretagne par ses fonctions, il avait trouvé, dans une des familles les plus distinguées de Saint-Malo, la femme qui a entouré son foyer d'honneur et de considération et qui avait donné à la famille, fondée par leur union, le bonheur... le bonheur... dans la mesure où il est possible en ce monde. Bonheur, hélas! bien traversé par la mort de quatre enfants! M. Bouillon se courba devant la volonté de la Providence et en accepta les décrets.

Il lui restait quatre fils, lorsqu'il vint prendre, à Pontoise, la position de Sous-Directeur. C'est là, qu'en 1879, Dieu rappela à lui l'épouse et la mère, qui emportait avec elle le bonheur, la joie, la vie pour ainsi dire de la famille.

M. Bouillon fut atterré, la plaie de son cœur ne devait jamais guérir : elle devait le conduire au tombeau.

Nous connaissons Mme Bouillon par les regrets que sa mort a causés, par le souvenir qu'elle a laissé dans le cœur de ceux qui l'ont tendrement aimée, et aussi par les sentiments de respectueux attachement et de profonde sympathie que tout le personnel, alors sous les ordres de M. Bouillon, exprima à son chef, dans une lettre des plus touchantes, où tous le suppliaient de rester à leur tête, malgré le malheur qu'il avait eu de perdre, dans cette résidence de Pontoise, une femme d'un caractère si noble et si élevé.

Bouillon n'était pas homme à fuir le lieu où il

avait éprouvé un si grand malheur; il avait l'âme trop bien trempée pour ne pas aimer à raviver les plus cruels souvenirs et à vivre de ses douleurs. Il resta à Pontoise.

Cinq ans après, nommé Directeur à Chartres, il arrivait dans cette ville avec ses quatre fils, qui l'entouraient des soins de la plus délicate affection et dont la tendresse prenait à tâche de combler le vide creusé dans le cœur de leur père par la mort d'une épouse si chère.

L'un de ces jeunes gens appartenait déjà à l'administration que servait son père : il y suivra les exemples que lui ont laissés ses aïeux.

Nous avons vu M. Bouillon à l'œuvre pendant sept années; nous avons reconnu les qualités éminentes du chef de service qui a gagné, non seulement la considération, mais encore l'affection et le dévouement de tout son personnel. Nous avons été témoin de la fermeté de son caractère, de l'esprit de justice et d'équité qui dirigeait tous ses rapports, aussi bien avec ses administrés qu'avec ses collaborateurs, et nous pouvons nous faire ici l'écho des sentiments d'affection et de profonde estime dont il était entouré.

Quant à lui, une grande puissance sur lui-même, une grande fermeté d'âme dissimulaient de profondes souffrances et les progrès du mal dont il était atteint. Ses amis intimes sentaient, pourtant, que la douleur, qui n'avait pu vaincre son courage, triompherait prochainement de l'énergie de sa constitution.

Un accident grave, en l'obligeant à renoncer à presque tout mouvement, marqua le moment à partir duquel ses forces ont rapidement décliné.

Il comprit que l'heure fixée par Dieu, pour terme de sa vie, approchait; et, soutenu par des sentiments profondément chrétiens, il n'en fut pas effrayé.

Une grande satisfaction lui fut pourtant accordée, pendant cette douloureuse maladie : ce fut la constatation et la récompense de ses bons services, par la croix de chevalier de la Légion d'honneur. M. le Préfet vint l'attacher sur sa poitrine, alors qu'il ne quittait déjà plus son fauteuil de malade.

C'était un honneur héréditaire; son père et son grand-père avaient porté la croix d'honneur.

Il apprécia cette distinction; mais sa pensée ne fut pas détournée des hautes préoccupations de l'éternité.

Son calme fut grand lorsqu'après avoir pris ses dispositions à l'égard des siens et à l'égard de sa conscience; après avoir reçu les consolations infinies de la religion, il put regarder la mort en face, plein de foi et d'espérance en la Miséricorde divine.

La Providence lui a permis de sentir les approches des derniers moments, et, après un suprême entretien avec ses fils, de les bénir agenouillés auprès de son lit.

Adieu, au nom de tous tes amis, ou plutôt, au revoir.

Discours de M. Picard, directeur de la compagnie d'assurance « Le conservateur » :

Messieurs,

Bien qu'ayant fait partie de l'Administration à laquelle appartenait M. Bouillon, je ne me crois pas autorisé à parler ici de ce que fut le fonctionnaire qui, durant sa longue carrière, s'était attiré partout de nombreuses et vives sympathies. C'est en qualité d'ami que je viens dire un dernier adieu à celui dont l'affection m'était particulièrement précieuse.

Par la loyauté de son caractère, par l'élévation de ses sentiments, par la droiture de son esprit, Bouillon, dans les relations de la vie privée comme dans l'accomplissement de ses fonctions publiques, avait su mériter l'estime de tous ceux qui l'ont connu. Ayant été pendant 38 ans le confident de ses plus intimes pensées, j'ai pu apprécier ce que son cœur recélait de bon, de généreux, de serviable, ce qu'il contenait d'amour du vrai et du juste. Aussi ai-je souvent recueilli de lui l'expression de son constant désir d'atteindre en tout à la réalisation du bien et reconnu qu'il ne s'épargnait jamais lorsqu'il savait pouvoir se rendre utile.

Cruellement frappé, en 1879, par la perte d'une femme distinguée qui était la plus aimante des épouses et des mères, Bouillon, dont la santé avait commencé alors à s'altérer, s'était consacré tout entier à ses quatre fils, et ses préoccupations de chaque jour, j'en ai été le témoin, étaient celles du père de famille soucieux de l'avenir de tous les siens. Quelque grave que fût la maladie qui le minait depuis plusieurs mois, il m'entretenait de chacun d'eux avec la conscience d'avoir rempli son devoir, et, au milieu de ses souffrances il était reconnaissant des marques d'intérêt qui lui étaient données par ses amis. Que ceux-ci conservent, comme je le conserverai moi-même, le souvenir de cet homme de bien! ses enfants y verront la preuve de la considération dont il était entouré, et ils puiseront dans la manifestation de nos regrets la conviction que la vie qui vient de s'éteindre doit rester pour eux le meilleur exemple à suivre.

Adieu, mon ami Bouillon, adieu!

M. Cretté, inspecteur du département, a en quelques paroles émues, dit adieu à son ancien Directeur au nom du personnel d'Eure-et-Loir.

CHARTRES. — IMPRIMERIE GARNIER

www.ingramcontent.com/pod-product-compliance
Lightning Source LLC
Chambersburg PA
CBHW071423060426
42450CB00009BA/1974